Julia Cunningham

Malsehn, ein Maulwurf

Unionsverlag
SANSIBAR

Die Autorin und der Illustrator

Julia Cunningham wurde in Spoake (Washington) geboren und besuchte die Kunstschule. Sie arbeitete in den verschiedensten Berufen und lebte nie lange am gleichen Ort. Ihr erstes Buch erschien 1960. »Malsehn, der Maulwurf« ist ihr zehntes Kinderbuch.
Peter Schössow, 1953 geboren, zeichnete 1978 die Illustrationen. Er studierte Gestaltung, arbeitet seit 1975 als freier Illustrator in Hamburg und hat bereits drei eigene Bilderbücher veröffentlicht.

Über dieses Buch

Der kleine Maulwurf ist aus der Art geschlagen: Er kann als Einziger sehen! Prompt wird er von seinen Artgenossen verstoßen, weil sie seine Schilderungen von der sichtbaren Welt nicht ertragen können.
Da stürzt sich Malsehn in immer neue Abenteuer – ganz nach dem Motto: Mal sehn, wie's ausgeht! Ausgestattet mit einem unerschütterlichen Glauben an das Gute in jedem Erdenbewohner gewinnt er viele Freunde und Beschützer. Zum Beispiel den Fuchs, der den kleinen, unerfahrenen Maulwurf zunächst für seine hinterlistigen Pläne einspannen will, sich dann aber vom treuherzigen und aufrichtigen Wesen Malsehns bezaubern lässt.

Stimme zum Buch

»Die Episoden leben von originellen Einfällen, sie haben Spannung und Witz, sind reich an schlagkräftigen Dialogen.«
Seminar Deutsch

»Julia Cunningham weiß humorvoll und ohne pädagogische Aufdringlichkeit zu erzählen, und Peter Schössow hat zu dieser poetischen Fabel hervorragende Illustrationen gemacht.« *Die Zeit*

Erlebnisse wie Freundschaft, Ausgelachtwerden, Nichtverstandensein, Ohnmacht dem Starken gegenüber, Zusammenhalten, Macht des Wortgewandten usw. hat jeder Mensch, und es ist wohltuend, zu erfahren, wie Malsehn die Augen aufgehen und er mit seinem Freund lernt, sich in der Welt zurechtzufinden.
Berner Jugendschriften-Kommission

Julia Cunningham

Malsehn, ein Maulwurf

Aus dem Amerikanischen von Ute Andresen

Illustriert von Peter Schössow

Unionsverlag

Die amerikanische Originalausgabe erschien 1974 unter dem Titel *Maybe, a mole* bei Pantheon Books, New York.

Auf Internet
Aktuelle Informationen, Dokumente über Autorinnen und Autoren, Materialien zu Büchern
http://www.unionsverlag.ch

Unionsverlag Taschenbuch 1028

Rieterstrasse 18, CH-8059 Zürich
Telefon 0041-1 281 14 00, Fax 0041-1 281 14 40

Umschlaggestaltung: Heinz Unternährer, Zürich
Umschlagbild: Peter Schössow
Druck und Bindung: Clausen & Bosse, Leck
ISBN 3-293-21028-7
Die äußersten Zahlen geben die aktuelle Auflage und deren Erscheinungsjahr an:
1 2 3 4 5 - 01 00 99 98
Gesetzt nach den Regeln der neuen Rechtschreibung

Ein ganz anderer Schatz

»Was soll denn der Unsinn?«, sagte der Fuchs und starrte auf den winzigen Maulwurf, der platt wie ein Pfannkuchen auf einem Feldstein lag. »Du gehörst unter die Erde. Und du wirst dir auf dem heißen Stein den Bauch verbrennen.«

»Das ist mir doch egal«, sagte der Maulwurf. Er hatte ein ganz schwaches Stimmchen. »Unter der Erde wollen sie mich ja nicht haben.«

»Ach so«, sagte der Fuchs. »Und warum denn nicht? Bist du denen zu dumm? Oder hast du vielleicht keine Lust, ordentlich maulwürfisch zu sein?«

»Doch, ich will schon. Aber ich kann nicht. Ich bin nämlich nicht so wie die anderen Maulwürfe. Ich kann sehen.« Der Fuchs horchte auf und sah sich das verzweifelte kleine Tier genauer an. »Und alle anderen sind natürlich schön blind, wie sich das gehört?«, fragte er. Er strich sich nachdenklich den Bart. »Warum hast du das nicht für dich behalten?«

Der Maulwurf hob müde den spitzen Kopf. »Das konnte ich nicht. Es gibt so viel, was ich mir gerne anschaue. Und dann muss ich darüber reden.« Während er weitersprach, setzte er sich langsam auf. »Manchmal bin ich gerade bei Sonnenuntergang durch die Erde nach oben gestoßen und der Himmel hat mich geblendet. Dann habe ich denen daheim von den Farben erzählt. Und manchmal bin ich mitten in einem Kornfeld aufgetaucht. Wenn das Korn reif ist, sieht es aus, als trügen die Halme den Himmel auf Säulen. Daheim habe ich versucht, es ihnen zu beschreiben. Manchmal …«

»Schon gut«, sagte der Fuchs. »Lass uns das Problem nicht mit der Beschreibung einer Welt vernebeln, die ich schließlich ganz gut kenne. Wie ist es ausgegangen?«

»Alle Maulwürfe aus der Gegend haben sich getroffen. Sie nannten das sogar eine Versammlung.

Und sie haben abgestimmt und beschlossen, mich zu verbannen. Sie haben mich einfach rausgeschmissen. So seh ich das. Wie einen Sack vergammelter Vorräte haben sie mich aus dem Bau geschubst. Meine Brüder und Schwestern haben sich meinetwegen so geschämt, dass sie mir nicht einmal Lebewohl gesagt haben.«

Der Fuchs starrte ungeduldig auf den Maulwurf, der von unterdrücktem Schluchzen geschüttelt wurde, während er sprach. »Warum heulst du nicht einfach eine Weile und erledigst das damit? Dann können wir in Ruhe darüber reden, wie du mir am besten dienen kannst.«

Dem Maulwurf blieb das Schluchzen im Hals stecken.

»Ich dir dienen? Wie kommst du denn darauf?«

»Du brauchst Anleitung für das Leben über der Erde. Du bist hier fremd. Du könntest unter die Räder kommen. Irgendein anderes Tier könnte dich für immer zu seinem Sklaven machen, wenn es merkt, wie lieb du bist und wie gerne du es allen recht machen möchtest.«

»Du scheinst mich schon sehr gut zu kennen«,

sagte der Maulwurf überrascht. Es tat ihm wohl, dass der Fuchs ihn so gut verstand.

»O ja, mein Freund, das ist wohl so. Nicht umsonst gelte ich als schlau.« Der Fuchs widmete einige Minuten der Selbstbewunderung und fuhr dann fort: »Erst einmal muss ich wissen, wie du heißt.«

»Ich heiße Malsehn.«

Der Fuchs lachte:

»Mal sehn, mag sein –
halb ja, halb nein!«

»Du brauchst dich nicht über mich lustig zu machen«, sagte der Maulwurf würdevoll. Er war von dem Stein runtergerutscht und saß nun im Schatten einer Butterblume.

»Ich mach mich nicht lustig. Solche Reime fallen mir einfach so ein. Mach dir nichts draus. Lass uns vom Geschäft reden. Kletter auf meine Schulter, ich will dir was zeigen.« Der Maulwurf gehorchte. Er kletterte hinauf und kuschelte sich in den weichen, zimtbraunen Pelz.

»Siehst du das ziemlich schäbige Haus hinter dem Hügel?«, fragte der Fuchs.

»Seh ich«, sagte der Maulwurf und schaute gespannt auf das Haus: Das Dach war schief. Die Farbe blätterte von den Wänden ab. Links und rechts von der windschiefen Eingangstür wuchsen struppige Geranien.

»Das gehört einem sehr geizigen Mann, der Knauser heißt«, erklärte der Fuchs. »Er füttert seine Hühner so schlecht, dass es sich nicht einmal lohnt, sie zu stehlen – so mager sind sie. Und nie hat man etwas davon gehört, dass er einem hungrigen Eichhörnchen auch nur eine Walnuss gegönnt hätte. Nee, dem gehts nicht schlecht! Du musst nicht vor Mitleid zerfließen. Das ist auch alles nicht wichtig. Aber man vermutet, dass er irgendwo bei seinem Haus einen großen Schatz vergraben hat. Und jetzt kommts auf dich an. Du sollst danach graben.«

»Und wenn ich den Schatz finde?«

»Dann teilen wir das Gold. Ein Teil für dich, neun Teile für mich.«

»Woher weißt du denn, dass es Gold ist?«, fragte der Maulwurf. Er schien nicht zu merken, dass der Fuchs ihn übers Ohr hauen wollte.

»Wissen tu ich das nicht. Aber was sollte man sonst

vergraben, wenn nicht Gold? – Also, wie ist es? Machst du mit?«

»Mal sehn«, sagte der Maulwurf.

»Ich weiß schon, wie du heißt«, sagte der Fuchs. Unentschlossenheit mochte er gar nicht, wenn er selbst sich entschieden hatte, was getan werden sollte.

Der Maulwurf lächelte. »Ich mach mit«, sagte er. »Du bist mein Freund, und für dich mach ich mit.«

So fing das alles an. Als das Abendrot in den Fenstern des Hauses von Herrn Knauser verglüht war, stürzte Malsehn sich in den Tunnelbau. Er arbeitete mit System: Einmal unter der Erde rund ums Haus. Dann dehnte er Stück für Stück die Suche aus.

Kurz vor Mitternacht tauchte er wieder auf, verdreckt und sehr hungrig. Der Fuchs wartete schon auf ihn.

»Kein Schatz«, sagte Malsehn, »nur ein paar Engerlinge für mich zum Abendessen.«

»Kein Schatz,
aber Schmatz!«, antwortete der Fuchs.

Malsehn warf ihm einen gekränkten Blick zu. Und der Fuchs merkte, dass er das lieber nicht hätte sagen sollen.

»Ach, mach dir nichts draus«, fügte er hastig hinzu. Er wusste, am nächsten Morgen würde Herr Knauser entdecken, dass rings um sein Haus eine frische Kette von Maulwurfshügeln aufgeworfen war. Und von da an würde er dem Maulwurf auflauern. Sie hatten also nur noch diese eine Nacht, um nach dem Schatz zu graben.

»Ich weiß schon, was du denkst«, sagte Malsehn.

»Wirklich?« Der Fuchs fing an, den Maulwurf für ebenbürtig zu halten. Er war zwar nicht so schön wie er selbst, aber doch wohl ebenso klug. Und das war schließlich nützlicher.

»Ja, und wir haben nur noch ein paar Stunden, bis die Sonne aufgeht. Mach ich also gleich weiter«, sagte Malsehn.

Die ganze Nacht durch setzte der Maulwurf tapfer seine Suche fort. Seine Pfoten wurden so lahm vom Graben, dass er nur mehr mit Qualen vorwärts kam. Er konnte nur noch keuchen und sein Rücken war ein einziger wilder Schmerz. Trotzdem grub er Runde um Runde. Er durchforschte ein Gebiet, so groß wie ein kleiner Weiher.

Er war kein einsamer, ausgestoßener Maulwurf mehr. Er hatte einen Freund gefunden. Und für den wäre er durchs Feuer gegangen.

Und mitten in seiner Schufterei, als er kurz einmal auftauchte, um frische Luft zu schnappen, fand er droben etwas: einen kleinen Beutel mit Samen, flachen grauen Samen. Ein paar aß er, um wieder zu Kräften zu kommen. Dann band er sich das Säckchen an den Schwanz; so war es ihm nicht im Wege. So konnte er es mitnehmen und sich hin und wieder stärken.

Aber als er schließlich wieder raus aus der Erde nach oben wollte, da merkte er, dass der Beutel sich geleert hatte, während er buddelte und ihn hinter sich herzog. Er machte ihn von seinem Schwanz los und beschloss, seinem Kameraden nichts davon zu erzählen. Dann streckte er seinen Kopf in die ersten Strahlen der aufgehenden Sonne.

Genau vor seiner Nase saß der Fuchs. Im Licht des neuen Tages sah er fast scharlachrot aus.

Malsehn stolperte heraus und hatte kaum noch Kraft genug, um den Kopf zu schütteln: Nichts gefunden! Dann sank er in tiefen Schlaf.

Der Fuchs starrte staunend auf den kleinen Kerl. Getreulich hatte er seinen Teil der Abmachung erfüllt. Er hatte sich in die Arbeit gestürzt statt weiter zu jammern. Er hatte die ganze Nacht geschuftet, um es seinem Partner recht zu machen, der vorhatte, ihn am Ende übers Ohr zu hauen.

Und da begriff der Fuchs auf einmal, wer dieser Maulwurf eigentlich war und was er war: jemand, dem man vertrauen konnte, den man um sich haben und lieb haben konnte.

Er hob ihn auf seinen Rücken, behutsam, ohne seinen Schlaf zu stören. Und dann machte er sich auf den Weg zu seinem Bau tief drinnen im Wald.

Von dem Tag an lebten die beiden zusammen. Der Winter war hart. Er kam zu früh und blieb zu lang. Und die ganze schlimme Zeit über gaben sie einander Wärme und Freundlichkeit. Niemals wieder gingen sie zu dem Grundstück von Herrn Knauser. Nur manchmal dachten sie an die abenteuerliche vergebliche Schatzsuche, die der Anfang ihrer Freundschaft war.

Aber eines schönen Morgens, als die Welt wieder grün geworden war und die Vögel wieder in den Bäumen sangen, erwachte Malsehn mit einem Lächeln und schlug vor, einen Ausflug zu machen.

»Und ich bestimme, wo wir hingehen«, sagte er.

»Geh du voran,
ich folge dann«, sagte der Fuchs.

Malsehn, der sich inzwischen an die Art seines Freundes gewöhnt hatte, mit Worten zu spielen, wuselte voran. Der Fuchs hielt sich geduldig hinter ihm.

Schließlich, gegen Mittag, kamen sie an den Rand von Herrn Knausers Grundstück und blieben plötzlich wie angewurzelt stocksteif stehen.

Sonst war der Horizont voller Gras. Jetzt strahlte er von riesigen gelben Sonnenblumen. Es war, als sei die Sonne selbst vom Himmel herabgestiegen und hätte dieses Feld mit ihrem Besuch beehrt.

Malsehn schnappte nach Luft. Der Fuchs hockte

sich verblüfft hin. Diese ganze Pracht hatte sie wie ein Schlag getroffen. Als Malsehn wieder zu sich kam, erzählte er dem Fuchs von den Samen, die er damals gefunden hatte, und was mit ihnen geschehen war.

»Aber, Malsehn«, sagte der Fuchs mit Augen, so strahlend wie Sonnenblumen, »du hast es ja gefunden!«

Langsam zogen sich die Mundwinkel des Maulwurfs nach oben.

»Du meinst das Gold?«, fragte er.

Und plötzlich mussten sie beide lachen. Die Bienen summten. Der Wind raschelte zwischen den Stängeln und Blättern der Sonnenblumen. Malsehn und der Fuchs wälzten sich im Gras. Sie lachten und lachten, bis sie beide platt auf dem Rücken lagen und sich die Seiten halten mussten. Und sogar noch spät am Abend, nach dem Essen, als die Dunkelheit bis dicht an den Eingang ihres Baues gekrochen war, brauchten sie sich nur anzuschauen, dann fiel ihnen alles wieder ein, und sie kugelten sich vor Lachen.

Der Ring mit den Rosen

Malsehn traf die Maus mit der weißen Halskrause zum ersten Mal im Gemüsegarten der lieben Dame. Die Maus lehnte lässig an einem Kohlkopf und pfiff mit gespitztem Mäulchen. Sie bemerkte den Maulwurf wohl, pfiff aber weiter und dann gleich noch den zweiten Vers von »O Käse, du meine Wonne«.

Malsehn wartete höflich darauf, Guten Morgen sagen zu können. Er betrachtete dabei die Maus. Die weiße Halskrause gab ihrem grauen Fell etwas wirklich Vornehmes. Und für so ein kleines, spitzmäuliges Ding war sie geradezu hübsch.

Aber es war so angeberisch, wie sie die Pfoten im Takt ihrer eigenen Musik bewegte, dass es den sonst so duldsamen Maulwurf richtig störte. Es sah aus, als meinte sie, die ganze Welt müsste die Luft anhalten und ihr zuhören. Malsehn hatte eigentlich gar keine Zeit, weil nämlich etwas Aufregendes geschehen war. Und das musste er seinem Freund und Partner, dem Fuchs, erzählen. Und zwar sofort. Bei seiner morgendlichen Graberei im Obstgarten der Dame hatte er einen Ring gefunden, einen Ring aus Gold mit eingravierten Rosen ringsum. Er hatte ihn in seiner rechten Backe verstaut, um ihn ja nicht zu verlieren. Und sogar der Geschmack des Metalls kam ihm süß vor.

Er wollte gerade gehen, als die Maus sich an ihn wandte: »Sicher hat dir mein Pfeifen gefallen.«

Malsehn, der möglichst immer freundlich sein wollte, nickte.

»Du kannst dich ruhig vorstellen«, sagte die Maus etwas gelangweilt.

»Ich heiße Malsehn und wohne gleich hinter dem Hügel in einem sehr gemütlichen Bau zusammen mit dem Fuchs.«

Die Maus versuchte so zu tun, als sei sie gar nicht beeindruckt. Aber sie hörte doch auf sich zu räkeln. Sie richtete sich auf und reckte sich bis zur Größe der jungen Radieschen, die links von ihr wuchsen.

»So, aha! Ich bin Alfred, der Herr des Hauses.«

»Von welchem Haus denn?«, fragte Malsehn. Er sah nur das große Gebäude, das der lieben Dame gehörte. Sie bewohnte es ganz allein. Und sie krümmte keinem Lebewesen ein Haar, das kleiner war als sie selber.

Im Sommer durften die Tiere sich in ihrem Garten bedienen. Und wenn der Winter hart war, legte sie Rüben und Zwiebeln, Nierenfett und trockenes Brot für sie bereit. Sie wussten, ihnen würde nichts geschehen, wenn sie im Garten arbeitete. Die Kaninchen knabberten sogar ganz dicht neben ihren Röcken am Salat.

›Dieses kleine Etwas meint doch wohl nicht ihr Haus‹, dachte Malsehn. Aber er irrte sich.

Mit einer Bewegung, als beherrsche er das alles, deutete Alfred auf die vielen verwitterten weißen Türen und Fenster und die Schornsteine des Hauses.

Malsehn unterdrückte ein Lächeln. »Du bist wohl

der Herr der Mäuse des Hauses. Wie schön für dich.«

»Durchaus nicht. Ich bin Herr des ganzen Hauses.« Seine Pfote machte eine große schwungvolle Bewegung vom Keller bis zum Dachfirst.

»Und die Dame steht womöglich in deinem Dienst?«, fragte Malsehn. Nur sehr selten erlaubte er sich so eine kleine Stichelei.

Die Maus strich sorgfältig ihren Schwanz glatt, als verdiene ihr Gegenüber nur wenig oder gar keine Beachtung. »Das eigentlich nicht gerade«, sagte sie zögernd. »Aber sie räumt alles für mich auf.«

Am liebsten hätte Malsehn losgelacht. Aber er verbarg sein Schnäuzchen im dichten Gras, bis er sich wieder beherrschen konnte.

»Armer kleiner Wicht«, murmelte er. »Hat überhaupt keine Ahnung.«

Aber die Maus merkte doch, dass der Maulwurf ihr nicht glaubte.

»Ich kann es dir beweisen, wenn du willst. Sie hat mir aus Holz ein kleines Haus gebaut. Es steht in der Küche auf der Fensterbank. Es hat fünf Räume, wenn man den Flur oben mitzählt.«

»Ein Puppenhaus«, sagte der Maulwurf zu sich selbst.

»Und jeden Morgen fragt sie mich um Rat. Zum Beispiel fragt sie: ›Wie wird das Wetter heute sein?‹ und ›Meinst du, es ist Zeit, die Tomaten zu pflücken?‹ Solche Fragen stellt sie mir.«

»Und du sagst ihr das dann?«

»Natürlich. Sie scheint meine Quiek-Sprache sehr gut zu verstehen.«

Einen Augenblick lang hätte Malsehn dieses hochnäsige Bisschen Maus gerne an sich gedrückt. Er hätte es gerne beschützt und gewärmt, bevor die böse Welt über ihm zusammenbrechen würde. Aber im nächsten Augenblick war es schon wieder leicht, das doch nicht zu tun, denn Alfred klopfte ihm gönnerhaft auf die Schulter.

»Nicht jeder kann so was Besonderes werden«, sagte er und klopfte weiter. »Gräme dich nicht, weil du im Leben nur eine unwichtige Rolle spielst.«

Malsehn sagte hastig Lebewohl. Er lief so weit weg, bis die Maus ihn weder sehen noch hören konnte. Dann purzelte er in den Klee und lachte und lachte.

Beim Lachen rutschte ihm der Ring aus dem Maul. Ein paar Minuten lang lag er ganz still da und starrte den Rosenring an. Er war so schön! Zum allerersten Mal in seinem Leben wünschte sich Malsehn, ein Mensch zu sein. Dann könnte er den Ring am Ringfinger tragen!

Die Überheblichkeit der Maus fiel ihm wieder ein. Die dachte wahrhaftig, sie herrsche über die liebe Dame und ihr ganzes Haus! Er rappelte sich auf und trottete heim. Er hatte jetzt einen Schatz. Den konnte er aufheben und in ein Versteck tun und immer hervorholen und anschauen, wenn ihm danach zumute war.

Daheim zeigte Malsehn den Ring gleich dem Fuchs. Er merkte gar nicht, dass sein Freund kaum etwas dazu sagte. Er war völlig damit beschäftigt, den Ring liebevoll und vorsichtig blank zu reiben.

Am Abend aßen sie köstliche Wurzeln und Raupen und setzten sich dann beide in den Eingang des Fuchsbaus. Sie schauten auf die schlafende Waldwiese, wo das Mondlicht wie Silber auf Blumen und Gräsern lag.

Da fing der Fuchs an zu reden.

»Lieber Maulwurf«, sagte er, »ich habe sehr früh lernen müssen, mir meine Nahrung selbst zu suchen. Und was ich vor allem lernen musste, war, zu stehlen. Leider bin ich nicht wie du. Ich kann nicht von dem leben, was auf der Erde wächst und krabbelt. Ich muss Fleisch fressen. Aber manchmal – und das sage ich nur dir, meinem liebsten Freund –, manchmal verfolgt mich das, was ich gestohlen und umgebracht habe: Die Geister der Hühner gackern durch meine Träume. Und die Geister der Kaninchen hüpfen durch meinen Schlaf, dass es wie Trommeln geht in meinem Kopf.«

Malsehn fühlte Mitleid mit dem Fuchs. Ihm kam es so vor, als hörte er selbst das Gehoppel der Kaninchen und das Geschrei der Hühner. Er war ganz verstört und der Fuchs sah es ihm an.

»Nein, nein!«, sagte er. »Du musst dich nicht auch noch von meinen Träumen quälen lassen. Siehst du, wenn ich satt werden will, dann bleibt mir gar nichts anderes übrig. Ich *muss* dann stehlen.«

Mehr sagte er nicht. Aber Malsehn war es, als spräche das Schweigen weiter zu ihm. Und am Ende wusste er, was er tun musste.

»Der Ring gehört mir gar nicht«, sagte er langsam. »Ich muss ihn zurückbringen.«

»Wenn du meinst …« Das war alles, was der Fuchs dazu sagte.

»Jetzt gleich«, sagte Malsehn. »Er gehört der lieben Dame.«

»Ich geh mit dir, Malsehn. Vielleicht brauchst du einen Beschützer.«

»Nein«, sagte Malsehn. »Das muss ich ganz allein machen. Ich habe ihn mitgenommen, nun muss ich ihn selber wieder hinbringen.«

Der Fuchs sah dem kleinen Schatten nach, als er in der Dunkelheit verschwand. Er ging nicht wieder in seinen Bau. Er wollte warten, bis sein Freund zurückkäme, auch wenn das bis zum Morgen dauern würde. Malsehn hatte den Ring über sein Schnäuzchen gestülpt, damit er ihn unterwegs noch anschauen konnte. Er war so strahlend wunderschön! Malsehn musste nur etwas schielen, um den Ring richtig sehen zu können. Dabei achtete er nicht auf den Weg und stolperte in ein graues Gewimmel.

Zuerst hörte er nur, dass viele Stimmen durcheinander kreischten und quiekten. Dann allmählich verstand er das empörte Geschrei: »Mensch, ist das ein Trampel!«, und »Man sollte doch meinen, dass man so viele Leute bemerkt, wenn sie einem über den Weg laufen!« Und sehr deutlich sagte jemand: »Blödmann!«

Malsehn war mit einem ganzen Zug von Mäusen zusammengestoßen.

»Tut mir Leid!«, sagte er und lächelte freundlich. Die Mäuse konnten gar nicht anders, sie mussten zurücklächeln.

»Was habt ihr denn vor?«, fragte Malsehn.

»Wir machen unser Donnerstagnacht-Lagerfeuer«, sagte der Anführer. »Wir sind nämlich die Schutztruppe der lieben Dame.«

Malsehn hatte von so einer Truppe noch nie etwas gehört, aber er ließ sich das nicht anmerken.

»Ach so!«, sagte er.

»Komm doch mit!«, schlug eine der Mäuse vor.

»O ja, ich komme mit!«, sagte Malsehn. Sie waren unterwegs zum Haus der lieben Dame, das war klar. Und wenn er sich ihnen anschloss, konnte er vielleicht hineingelangen, ohne lange nach einem Eingang suchen zu müssen. Kurz darauf war er auch schon im Wohnzimmer des großen Hauses und Zeuge einer sehr merkwürdigen Feier: In dem Kamin aus blank polierten braunen Kacheln war ein Freudenfeuerchen aus Zweiglein und trockenen Kiefernnadeln aufgeschichtet, ein richtiges Mäuselagerfeuerchen. Und rings um das Feuer saßen im Kreis lauter Mäuse. Sie hörten mit großen Augen Malsehns Morgenbekanntschaft aus dem Gemüsegarten zu. Alfred hielt eine Rede an die Mäuse: Wie wichtig es sei, seinen Befehlen zu gehorchen, und dass er, der Herr des Hauses, alles zu bestimmen hätte. Es war ziemlich heiß im Kamin, und Malsehn war es auch nicht gewöhnt, so spät noch auf zu sein. Er wurde schläfrig und nickte ein.

Plötzlich fuhr er zusammen, weil sich jemand an seiner Nase zu schaffen machte. Er schnaubte und zuckte zurück, um das Gefummel loszuwerden. Dabei purzelte der Ring von seinem Schnäuzchen.

»Danke schön«, hörte er Alfred sagen, »dass du mir meine Krone wiedergebracht hast.«

Malsehn war fassungslos. »Deine Krone?«, stieß er hervor und starrte auf den Rosenring, den jetzt das Nagetier auf dem Kopf trug. Er wurde wütend.

»Der Ring gehört der lieben Dame, nicht dir! Und sie wird ihn zurückbekommen. Ich habe ihn im Obstgarten gefunden, dort hat sie ihn fallen lassen.«

»Das glaube ich nicht!«, sagte der Anführer der Mäuse, mit denen Malsehn ins Haus gekommen war. Er stand neben dem Feuer.

Malsehn ging auf Alfred los, die Zähne gefletscht. Er wollte ihm den Ring vom Kopf schlagen.

»Soldaten!«, rief Alfred. »Angriff!« Der Befehl kam für die Mäuse so unerwartet, dass sie alles vergaßen, was sie für so einen Fall gelernt hatten. Sie stürzten wie eine graue Woge auf den Maulwurf zu. Dabei fielen und rollten sie übereinander her.

Malsehn hatte sich auf die Hinterbeine gesetzt und schaufelte sie mit beiden Pfoten aus dem Weg. Er hatte sich schon durch Härteres gegraben als durch solche weichen kleinen Tierchen.

Die bei der Nachhut waren, fielen rückwärts ins Feuer. Kaum spürten sie die Hitze, sprangen sie wie wild herum. Einen Augenblick lang zischten flackernde Zweige und Schwänze durch die Luft, und es regnete Funken.

Die Truppe flüchtete Hals über Kopf, ihr Anführer

voran. Sie sahen gar nicht mehr, dass der Kaminvorleger an sechs Stellen zu brennen anfing. Und niemand sah, wie der Maulwurf versuchte, das Feuer zu löschen.

Die Augen fest geschlossen, wälzte Malsehn sich immer wieder über die glühenden Stellen. Sein Pelz wurde versengt und seine Haut verbrannt, aber er hörte nicht auf. Er biss die Zähne zusammen, weil es so wehtat, und rollte hin und her, bis der letzte Funke erstickt war und sich nur noch etwas Rauch aus den Brandstellen emporkräuselte.

Dann lag er da und keuchte. Das Atmen tat ihm weh. Schließlich kam er ganz benommen wieder auf die Pfoten. Seine Augen füllten sich mit Tränen, und das kam nicht nur von dem beißenden Rauch.

Alfred, die Maus, hatte den Ring und trug ihn als Krone! Und morgen würde er sich nicht nur »Herr des Hauses« nennen, sondern erklären, er sei der König des Landes.

Malsehn ging es nicht darum, dass die lächerliche Maus jetzt noch mehr angeben würde. Alfred könnte man auch in tausend Jahren nicht von seiner Angeberei heilen. Aber dass er, Malsehn, den Ring der lieben Dame nicht hatte retten können, das war mehr, als er ertragen konnte. Die Tränen rollten ihm über die Backen und sein Herz war schwer vor Kummer, weil er so versagt hatte.

Der Morgen dämmerte schon, als Malsehn sich durch das rauhe Gras zum Eingang des Fuchsbaus schleppte. Er war todmüde. Er sah nicht, dass die Augen des Fuchses aufleuchteten, als er ihn erblickte. Vor lauter Erschöpfung merkte er nicht einmal, dass er die letzten Schritte bis zu seinem Winkel im Bau liebevoll gestützt wurde. Dann verschlief er den ganzen Tag.

Der Geruch von Hühnersuppe weckte ihn auf. Und als sie miteinander beim Essen saßen, erzählte er dem Fuchs die ganze jammervolle Geschichte.

Der Fuchs sagte gar nichts, bis Malsehn mit den letzten traurigen Sätzen fertig war. Er schwieg lange, bis er merkte, dass der Maulwurf ihn anstarrte. Dann sagte er langsam und sehr ernst: »Lieber Malsehn, du hast zwar nicht den Ring gerettet, dafür hast du aber das Haus gerettet.«

Malsehn lehnte sich zurück. Darüber musste er

erst mal nachdenken. Dann, nach und nach, so, wie der Himmel sich mit Sternen füllt, begannen seine Gedanken zu leuchten. »Das stimmt!«, sagte er erstaunt. »Das habe ich getan, ich, Malsehn!«

Zwei Tage später, als er wieder einmal im Obstgarten war, um nach den Äpfeln zu sehen, sah er die liebe Dame. Sie trug einen Korb am linken Arm und pflückte mit der rechten Hand die ersten rotbackigen Früchte. Und an ihrem Finger trug sie, golden und wunderschön, den Rosenring.

Malsehn konnte sich das nur so erklären: Sie musste ihn in dem Puppenhaus gefunden haben, als Alfred ihn einmal nicht auf dem Kopf hatte. Aber ganz egal wie – die Hauptsache war, sie hatte ihn wieder.

Malsehn trat aus dem Schatten eines Baumes und zeigte sich der lieben Dame. Und als sie auf ihn niederlächelte, verbeugte er sich.

Versprochen ist versprochen

Seit zwei Nächten war der Fuchs fort. Wie jeden Herbst war er losgezogen, um seine Verwandten nah und fern zu besuchen. Da begann es unheimlich zu werden auf der Lichtung im Wald.

Das Erste, was Malsehn auffiel, war die ungewöhnliche Stille auf der Wiese draußen vor dem Fuchsbau. Die Nachttiere wisperten und trippelten, raschelten und knusperten. Aber es klang so gedämpft, dass das Knabbern der Kaninchen dagegen laut wirkte. Und obwohl man die Sterne sehen konnte, war es, als hingen unheilvolle Wolken über dem Wald.

Malsehn stand vom Abendessen auf, ohne aufgegessen zu haben. Er trat in den Eingang des Baus, schaute hinaus und lauschte. Der Fuchs hätte gewusst, was das alles zu bedeuten hatte. Aber er war fort, für viele Tage. Darum musste Malsehn selbst herausfinden, was los war. Sonst würde ihn das Unheimliche bis in seine Träume verfolgen. Strich ein fremdes Untier durch den Wald? War da ein Tiger zwischen den Bäumen, der aus einem Zirkus ausgerissen war? Hatte sich ein Bagger losgerissen und war dabei, die Erde aufzuwühlen und in ein Chaos zu verwandeln? Malsehn versuchte über seine eigenen Gedanken zu kichern. Aber was aus ihm herauskam, war nur ein gepresster Seufzer. Und je länger er dort stand und nachdachte, desto heftiger klopfte sein Herz.

Er konnte nur noch eines tun: wirklich nachschauen, was los war.

Vorsichtig trat er ins Freie. Er streckte die Nase in die Luft, sog die Luft prüfend ein und überlegte, was all die Gerüche zu bedeuten hätten. Nichts roch fremd. Aber die Stille war noch tiefer geworden. Jetzt hatten sogar die Kaninchen die Lichtung verlassen.

Malsehn ging zögernd auf die Wiese hinaus. Er

achtete darauf, unter Grasbüscheln und Kräutern verborgen zu bleiben. Er wartete. Nichts. Er lauschte. Und er lauschte so angespannt wie noch nie. Da war aber nur ein leichter Wind, der die Äste in einem fernen Baum bewegte, und sehr weit weg war das Gackern eines Huhns auf einem Bauernhof zu hören.

So konnte er nichts entdecken. Er musste einen besseren Überblick haben. Mit zitternden Knien kletterte Malsehn auf einen großen Stein. Von da aus konnte er die ganze Wiese überblicken. Aber nichts verriet sich in der bewegungslosen Landschaft.

Er hob den Kopf.

Plötzlich war über ihm ein schrilles Kreischen, ein Flügelschlag, und zwei riesige gelbe Augen schossen auf ihn herab. Stahlharte Klauen gruben sich in seinen weichen Pelz und er fühlte sich höher und höher hinaufgetragen, so schnell, dass ihm der Atem im Hals stockte.

Er schrie »Hilfe! Hilfe!«, und er wusste, dass er den Fuchs meinte.

Aber da war kein hilfsbereiter Freund, der herbeispringen konnte, um ihn zu retten. Er ließ sich hängen und hoffte, die Klauen würden sich lockern. Aber sie hielten ihn fest, wie feurige Zinken in seine Schultern gekrallt.

Der Entführer flog schneller. Und seine großen braunen Flügel löschten den Mond und die Sterne aus. Noch ein Blick auf die Erde, sie verschwamm Malsehn vor den Augen. Er verlor die Besinnung.

Als er wieder zu sich kam, glaubte er, er wäre tot. Er kniff sich kräftig, einmal und noch einmal. Dann schaute er sich um. Ein rundes Loch gerade vor ihm ließ ein wenig Licht ein und es roch nach Kiefer.

Wahrscheinlich war er in einer Höhle in einem Baumstamm gelandet.

Etwas krabbelte unter seinem Bauch hervor, und wie es auftauchte, war es eine Waldmaus. »Puh!«, sagte das winzige braune Tier.

»Warum hat es uns nicht gleich getötet?«, fragte Malsehn in der Hoffnung, nun etwas zu erfahren.

»Wir werden als Vorrat für später aufgehoben«, antwortete die Maus. »Und es, das ist eine Eule. Ich summte gerade die ersten Takte eines neuen Liedes, ohne an die geringste Gefahr zu denken, als sie mich erwischte. Jetzt«, ihr dünnes Stimmchen brach, »werde ich das Lied niemals fertig machen können.«

»Wie schade!«, murmelte der Maulwurf abwesend. Er suchte fieberhaft nach einer Möglichkeit zu entkommen. Aber sein Kopf schien leer zu sein wie eine taube Walnuss.

»Wie weit oben sind wir?«, fragte er die Maus.

»Zu hoch für mich, um hinunterzuklettern«, antwortete das kleine Wesen mutlos. »Ich habe schon hinuntergeschaut.«

»Dann ist es für mich auch zu hoch, um mich einfach runterfallen zu lassen«, sagte Malsehn.

»Viel zu hoch«, sagte die Maus.

»Aber wo ist eigentlich die Eule?«, wunderte sich Malsehn.

»Jetzt schläft sie«, wusste die Maus. »Weißt du, ich bin schon drei Tage hier und ich kenne mittlerweile ihre Gewohnheiten. Sie wacht erst morgen abend wieder auf.«

»Dann haben wir also noch morgen den ganzen Tag«, sagte Malsehn.

Die Maus schüttelte sich. »Obwohl ich nicht

weiß, wozu das gut sein soll: Wir haben noch einen ganzen Tag.«

»Du könntest dein Lied fertig machen«, sagte Malsehn.

Die Maus begann zu strahlen. »Ja, das könnte ich. Und das werde ich morgen auch tun. Gute Nacht, Maulwurf. Es ist viel lustiger, seit du hier bist.«

»Gute Nacht«, sagte Malsehn. Er sah keinen Grund, dies finstere Gefängnis lustig zu finden.

Am nächsten Morgen, als die ersten Sonnenstrahlen in das Eingangsloch der Baumhöhle fielen, entdeckte Malsehn, dass die Maus verschwunden war. Einen Augenblick lang blieb sein Herz fast stehen. Sogar so eine kleine Gesellschaft war doch besser als gar keine!

Dann hörte er das Summen. Die Maus saß draußen vor dem Loch. Sie hatte den Schwanz fest um einen Ast gewickelt und probierte Melodien aus.

Malsehn hörte ihr eine Weile mit Vergnügen zu. Aber die Freude an den Kompositionen wurde plötzlich erstickt durch den Anblick der riesenhaften Eule, die auf einem Ast weiter oben hockte.

»Pssst!«, warnte Malsehn. Er zeigte mit der Pfote dahin, wo ihr Feind saß.

Die Maus kicherte. »Ach, die kann dich gar nicht hören. Taub wie ein Stein hockt sie da und doppelt so schwer vor lauter Schläfrigkeit.«

»Ist doch gleich«, beschwor sie der Maulwurf, »ich an deiner Stelle würde aufhören zu singen. Du bist zu leichtsinnig.«

»Das würde ich auch«, tönte eine messerscharfe Stimme gerade über ihnen. »Außerdem stimmt die Tonart nicht.« Die Stimme kam näher. Sie gehörte zu einem Eichhörnchen, aber so eines wie dieses hatte Malsehn niemals vorher gesehen. An der Seite hatte es flügelähnliche Lappen. Und sein Schwanz war auch nicht ganz so buschig wie bei gewöhnlichen Mitgliedern seiner Familie.

»Ich bin ein Flughörnchen«, sagte das Tier, als es den fragenden Blick des Maulwurfs bemerkte.

»Aha«, sagte Malsehn.

»Aha, Mensch prima!«, kreischte die Maus. »Jetzt bin ich gerettet! Du kannst mich auf deinen Rücken nehmen und mich auf den Erdboden zurückbringen.«

»Wenn ich will, schon«, sagte das Flughörnchen kühl.

»Und mich?«, fragte Malsehn. »Mich auch?«

Das Flughörnchen musterte den Maulwurf lange und missmutig, so, als wäre er ein Rest merkwürdigen Käses. »Na ja, du bist etwas schwer. Aber ich denke, ich könnte es schaffen …« Es wartete, bis sich Enttäuschung in Malsehns Gesicht zeigte. »… wenn ich es will«, setzte es langsam und quälerisch hinzu.

»Das willst du doch bestimmt!«, sagte die Maus rasch und entschieden. So klein und jung sie war, hatte sie doch schon gelernt, nicht so leicht aufzugeben.

»Nichts auf der Welt gibt es umsonst!«, sagte das Flughörnchen.

Der Maulwurf dachte an all die Freundlichkeiten, die sein Freund, der Fuchs, ihm erwiesen hatte. Geschenke und hilfreiche Taten gab er so leicht her wie der Baum seine Blätter, wenn der Herbstwind kommt. Er tat es nie, um selbst etwas dafür zu bekommen.

Malsehn war nicht einverstanden mit dem, was das Flughörnchen äußerte.

Aber er sagte nur: »Und was willst du von uns haben, wenn du uns rettest?«

»Hundert Walnüsse von der neuen Ernte. Keine einzige weniger als hundert. Und bis morgen früh bei Sonnenaufgang müssen sie vor meiner Vorratskammer in dem alten Eichbaum abgeliefert sein.«

»Lieber Himmel!«, protestierte der Maulwurf. Er wusste, wie groß die Entfernung zwischen dem einzigen Walnussbaum der Gegend und der alten Eiche war. Hundert Nüsse so weit zu tragen, jede einzeln, das würde mindestens drei Tage dauern. Selbst wenn die Maus mithelfen würde.

»Das sind meine Bedingungen«, sagte das Flughörnchen leichthin. »Ist ja euer Leben, nicht meins.«

Die Maus zwinkerte dem Maulwurf zu. »Sag ja!«, sagte sie. Und Malsehn wusste: So, wie die gezwinkert hatte, hatte sie nicht vor, das Versprechen zu halten, wenn sie erst einmal in Sicherheit wäre. Er würde den Vertrag ganz allein erfüllen müssen.

»Einverstanden!«, sagte er. Und er wünschte dabei, es möge ihm gelingen, das Lösegeld zusammenzubringen.

»Du kommst zuerst dran«, sagte das Flughörnchen

zur Maus. Und kaum hatte die sich auf seinem Rücken festgeklammert, da ließ es sich hinabgleiten, den Schwanz wie ein Ruder nach oben gestreckt. Zwei Fuß über dem Boden bremste es, hob ein Bein hoch und stemmte sich mit dem anderen gegen den Boden. Die Maus hüpfte hinunter und verschwand zitternd zwischen den nächsten Grasbüscheln.

Die seh ich nicht wieder, dachte Malsehn, der vom einem Ast aus zugeschaut hatte. Das Flughörnchen kam zurück, um seinen zweiten Passagier abzuholen. Es dauerte eine Weile, bis Malsehn herausgefunden hatte, wie er sich auf dem Flughörnchen festhalten konnte. Sein Körper war ja größer und plumper als der Körper der Maus.

Der Abflug war so wackelig, dass das Flughörnchen mit ihm beinahe kopfüber abgestürzt wäre. Aber schließlich kamen sie doch heil unten an. Da gab es nur noch einmal einen heftigen Ruck, als sie am Boden aufsetzten.

»Denk dran«, mahnte das Flughörnchen. »Morgen früh bei Sonnenaufgang, oder …«

»Du brauchst mir nicht zu drohen«, sagte der

Maulwurf würdevoll. »Was ich versprochen habe, das ist versprochen. Das halte ich auch!«

Aber als das Flughörnchen verschwunden war, steckte Malsehn die Nase in die warme Erde und schnüffelte all die lieben, bekannten Gerüche und versuchte, alles zu vergessen. Wenn nur der Fuchs daheim wäre! Wenn er nur so gerissen und geschickt wäre wie sein Kamerad! Wenn er doch nicht nur bloß so ein einfacher Maulwurf wäre, grade gut genug, um zu graben, und zu sonst kaum etwas nutze!

Eine Krähe flog vorüber. Ihr Flügelschlag weckte die Erinnerung an die schreckliche Eule. Malsehn bebte am ganzen Leib. Er musste gleich anfangen! Er rannte zum Walnussbaum und wühlte im alten Laub. Dabei fand er so viele Nüsse, dass er schon nach einer Stunde die hundert für das Lösegeld beisammen hatte.

Sein Pelz duftete wunderbar nach Erde und Laub. Die Arbeit hatte ihm Spaß gemacht. Aber als er über die Wiese und durch den Zaun bis zu dem Eichbaum schaute, auf dem das Flughörnchen wohnte, verlor er alle Hoffnung. Das konnte er doch nicht schaffen!

Er konnte wohl, den ganzen Tag über, Nuss nach Nuss den langen Weg dorthin schleppen, ohne eine Pause. Aber wie wäre es in der Nacht? Die Eule würde ihn schnappen, wenn er auch nur einmal die Wiese bei Dunkelheit offen überquerte. Und Malsehn wusste: Diesmal würde sie ihn auf der Stelle töten und fressen.

Er richtete sich auf und sog die Luft tief ein: Wie friedlich dieses Land war! Vielleicht durfte er das jetzt zum letzten Mal genießen. Und je mehr er schnüffelte, desto verzweifelter wurde er. Wer war er denn? Was war er denn? Ein Nichts. Ein Malsehn von einem Maulwurf. Das Wort »Maulwurf« kullerte wie ein Ball durch seine Gedanken - ein schlaffer Ball, denn er war schon ganz verzagt und mutlos.

Dann, ganz plötzlich, wurde das Wort fest und stark in seinen Gedanken. MAULWURF. Genau das war er!

Er legte los und wühlte sich in den Boden, dass die Erde hoch in die Luft flog. Er grub tiefer und tiefer. Es wurde ein Tunnel, der in sanfter Biegung hinabführte, mit Wänden, so glatt wie ein Pfeifenstiel.

Mittags machte er eine Pause, um die Engerlinge zu fressen, die er nebenbei gesammelt hatte. Dann ging es fort, ohne dass er einmal langsamer wurde.

Als es zu dämmern begann, tauchte er auf, um nachzusehen, ob die Richtung stimmte. Und gerade als sein Kopf durch den Klee fuhr, starrten ihn die gelben Augen der Eule wieder an. Sie breitete gerade die Flügel aus, um einen anderen kleinen zitternden Bewohner der Waldwiese fortzutragen.

Malsehn duckte sich in seinen Gang und buddelte weiter. Er hatte jetzt schon den halben Weg zur Eiche des Flughörnchens geschafft.

Eine Stunde vor der Morgendämmerung war die lange Röhre fertig. Ohne darauf zu achten, wie müde er war, hastete Malsehn den Weg zum Walnussbaum zurück. Er fing an, die Nüsse auf den Weg zu bringen. Eine nach der anderen warf er sie in den Tunnel und schaute zu, wie sie hinabrollten. Schließlich war das Hundert voll und er folgte der letzten in den Tunnel.

Aber als er dort das Ende der Nussschlange erreicht hatte, merkte er, dass er nicht alles bedacht hatte: Die Nüsse lagen da aufgereiht, eine hinter der anderen. Und er selbst fand sich am Ende der Schlange und kam nicht durch nach vorn. Dabei musste er doch die Nüsse am anderen Ende des Tunnels wieder herausholen!

Wie sollte er zum anderen Ende der Röhre gelangen? Er würde über die Wiese laufen und sich der tödlichen Wachsamkeit der Eule aussetzen müssen. Er musste es wagen!

Doch bevor er noch losrennen konnte mit Beinen, die schwer waren vor Hoffnungslosigkeit, hörte er ein kleines Singen vom anderen Ende des Tunnels, wo die ersten Walnüsse herausschauten.

»Hallo, du da unten!«, quiekte die Maus von ferne. »Schieb so fest du kannst, ich staple die Nüsse am Fuß der Eiche auf. Das Flughörnchen kann sie selbst in seine Vorratskammer schleppen. Das braucht gar nicht so faul zu sein.«

»Nimm dich in Acht vor der Eule!«, rief Malsehn zurück. »Ich hab sie vorhin schon wieder gesehen!«

»Ich weiß schon, die geistert hier herum. Aber da kann man nichts machen!«, antwortete die Maus. Sie wuchtete die erste Walnuss aus dem Gang. »Ich hab mein Lied fertig, alter Maulwurf!«, verkündete sie, als sie die nächsten Nüsse holte. »Willst du es hören? Ich sollte es wohl mal jemandem vorsingen. Für alle Fälle, falls ich es später nicht mehr tun kann.«

»Na, sing schon los!«, sagte Malsehn gerührt. Die liebe lustige Maus! Malsehn hätte jetzt so gerne mehr tun wollen, als nur die Nussschlange vorwärts zu schieben. Dieses mutige kleine Kerlchen arbeitete allein da draußen, wo es so gefährlich war! Und singen wollte es auch noch.

»Also, das ist mein Lied: Das Lied vom Schwanz.

Ich bin eine Maus,
und ne Maus hat 'n Schwanz,
Er folgt mir durchs Haus,
und er folgt mir zum Tanz.
Ich schlepp ihn tagtäglich hinter mir her.
Mein herzlieber Schwanz wird mir niemals zu schwer.
Er fühlt meinen Kummer,
er fühlt meinen Schmerz.
Er liegt bei mir im Schlummer
und tröstet mein Herz.
Werd ich auch berühmt und ein tapferer Held:
Ohne ihn wär ich sicher verlor'n in der Welt.«

Die Maus sang das ganze Lied einmal durch. Sie sang es gleich noch einmal. Dann, nach einer kleinen Pause, die gerade lang genug war, um zu fragen »Gefällt es dir?«, sang sie es zum dritten Mal. Und während sie sang, quollen die Walnüsse aus dem Tunnel und wurden hoch aufgestapelt zwischen den Wurzeln der Eiche.

Die letzten sechs kullerten nach oben und Malsehn mittendrin. Gerade da zerriss ein markerschütternder Schrei die Stille. Malsehn sah mit einem Blick, wie die großen braunen Flügel sich niedersenkten. Er stürzte sich in den Berg Nüsse und zog die Maus am Schwanz mit sich.

Er wusste, dass dieser wackelige Nusshaufen nicht wirklich Schutz bot, dass die Eule sie alle beide erwischen und verschleppen könnte. Er hatte sich über die Maus geworfen und wartete, die Augen fest zugekniffen. Gleich würden die scharfen Krallen der Eule sich bis in sein Herz graben! Aber stattdessen schien sich ein riesiges weiches Kissen auf sie zu legen. Vorsichtig kämpfte Malsehn sich unter der weichen Last hervor. Die Maus zog er am Schwanz mit. Er hastete zum Eingang seines Tunnels. Und erst als sie beide hineingeschlüpft waren, wagte er es sich umzusehen. Die riesige Eule lag da und japste nach Luft. Der Sturz auf die rollenden Walnüsse hatte ihr den Atem verschlagen. Ganz benommen richtete sie sich auf und blickte sich voll Angst und Schrecken um. Dann breitete sie die zerzausten Flügel aus und erhob sich schwankend und flatternd in die sichere Luft.

Ein bisschen später hockten Malsehn und die Maus gemütlich im Fuchsbau.

Der Maulwurf sah der Maus in die lustigen Äuglein und lächelte ihr zu.

»Eigentlich bist du ja ein Held, ehrlich!«, sagte er ein wenig schüchtern.

Die Maus nickte ihm zu. Und sie tat das mit so viel Dankbarkeit, dass Malsehn wegschauen musste. Aber alles, was die Maus dann sagte, war: »Gerettet, an meinem Schwanz gerettet! Willst du mein Lied noch einmal hören?«

Wo die Sonne untergeht

Niemand merkte es, als die Schildkröte sich auf den Weg machte. Wer achtet schon auf eine Schildkröte, wenn sie losgeht, so langsam, dass man vom Zuschauen müde wird. Der Krähe fiel als erster auf, dass die Schildkröte sich seit zwei Stunden ohne Pause vorwärts bewegte. Die Krähe langweilte sich. Den ganzen klaren Sommertag lang war noch nichts Aufregendes geschehen. Sie verkündete lauthals, dass die Schildkröte unterwegs sei, mit einer so schrillen Stimme, dass sogar der Maulwurf tief in der Erde es hörte.

»Schaut alle her! Der König der Rennläufer jagt den Hügel hinauf. Seine flinken Füße wirbeln den Staub empor!« Der schwarze Vogel pflanzte sich vor der Schildkröte auf. »Wo um alles in der Welt willst du denn hin, alter Kumpel? Einmal rund um die Erde, am besten noch vor dem Mittagessen?«

Die Schildkröte hob etwas die schweren Augenlider und antwortete sanft: »Ich will dahin, wo die Sonne untergeht.«

Die Krähe japste verächtlich. »Meine Güte, welch ein Plan! Man glaubt es kaum. Alle mal herhören!« Die Kaninchen hoben die Nasen aus dem Klee. Die Mäuse setzten sich auf die Hinterbeine, um mehr sehen zu können. Sogar die Käfer hörten auf herumzuschwirren. Und die Schmetterlinge flatterten auf der Stelle.

»Sie will dahin, wo die Sonne untergeht!«, verkündete die Krähe, kreischend vor Spottlust.

Da ging ein solches Gekicher an auf den Bäumen ringsum und in der Wiese, dass der Maulwurf sich so schnell wie möglich nach oben schaufelte. Wie musste der armen alten Schildkröte zumute sein?

Wenn einer gegen dich ist, das ist nicht so schlimm. Aber wenn sie alle miteinander sich über einen lustig machen, das kann man nicht aushalten!

Malsehn hatte Glück: Er tauchte gerade vor der

Nase der Schildkröte aus seinem Maulwurfshügel auf. Er lächelte und sagte freundlich: »Guten Morgen!« Die Schildkröte nickte nur und fuhr fort, ein Bein nach dem anderen bedächtig zu heben und voranzusetzen. Sie wollte nicht anhalten, auch nicht für ein Schwätzchen.

Malsehn ging neben der Schildkröte her.

»Du hättest besser was anderes gesagt, dass du deine Kusine besuchen willst oder dass du auf der anderen Seite des Hügels etwas zu besorgen hättest«, sagte er.

»Aber das stimmt nicht. Und ich habe es darum auch nicht gesagt«, antwortete die Schildkröte knapp.

Der Maulwurf seufzte. Diese Schildkröte war zu ernsthaft! Inzwischen hatte die Krähe das Gelächter immer wieder angeheizt durch Bemerkungen wie »Die liebe Sonne wartet schon. Beeil dich!«, und »Meine Güte, diese Schildkröte stürmt uns allen davon!«, oder »Wetten wir, sie schafft es noch vor Sonnenuntergang!«, und dergleichen.

Eine sehr dreiste Ratte tauchte von irgendwoher auf und pfefferte eine verfaulte Tomate auf den Pan-

zer der Schildkröte. An beiden Seiten lief ihr der Matsch herunter. Ein Eichelhäher stieß herab und hängte der Schildkröte eine Weinranke an den Schwanz. Eine Maus hüpfte auf eines der Weinblätter und ließ sich ziehen wie auf einem Schlitten.

»Los gehts wie der Wind!«, kreischte sie, während sie Stückchen für Stückchen über das Gras ruckte.

»Mein Bau ist gar nicht weit weg«, sagte Malsehn. »Komm doch mit zu mir. Dann machen wir dich sauber, und du bekommst etwas zu trinken.«

Die Schildkröte wackelte nur mit dem Kopf, und das hieß: »Nein!« Sie schleppte sich die Böschung hinauf, unbeirrt, als ginge sie all das Geschrei gar nichts an.

Aber Malsehn entdeckte, als er ganz genau hinschaute, dass in ihrem rechten Augenwinkel ein Tropfen glänzte. Es sah aus wie eine Träne.

Das war zu viel für Malsehn! Er wischte mit beiden Händen den Tomatenmatsch fort, riss die Weinranke weg und gab der Maus links und rechts eins hinter die Ohren. Er patschte zweimal kräftig hinten auf den Panzer der Schildkröte. Daraufhin zog sie den Kopf und die Beine ein.

Malsehn spannte alle Muskeln an und schob die schwere, bewegungslose Schildkröte vor sich her, Schritt für Schritt, bis zu sich nach Hause.

»Du kannst jetzt wieder rauskommen«, sagte er, ganz außer Atem. »Hier tut dir niemand was.«

Vorsichtig streckte die Schildkröte die Nase heraus und öffnete die Augen. »Aber ich bin nicht dort, wo ich hin wollte«, sagte sie.

»Nein, das stimmt. Du bist da, wo ich dich hinhaben wollte. Ich konnte das nicht mehr mit ansehen, wie die sich über dich lustig gemacht haben.«

Die Schildkröte streckte die Vorderbeine aus und wandte sich langsam dem Eingang der Höhle zu. »Ich will dorthin, wo die Sonne untergeht«, sagte sie und wollte schon wieder losmarschieren.

»Aber beantworte mir bitte noch eine Frage!«, bat Malsehn flehentlich.

»Na gut«, sagte die Schildkröte.

»Weißt du denn, wo die Sonne untergeht?«, fragte Malsehn.

»Als ich losging, wusste ich es«, antwortete die Schildkröte teilnahmslos. »Bevor du dich dazwischengedrängt hast, wusste ich es.«

»Und jetzt weißt du es nicht mehr?«, fragte Malsehn.

»Jetzt weiß ich es nicht mehr«, sagte die Schildkröte.

»Dann bleib hier, bis sie anfängt, unterzugehen, dann können wir es ja sehen«, sagte Malsehn. Er hoffte insgeheim, sein Freund, der Fuchs, würde bis dahin zurück sein und helfen, die Angelegenheit so zu regeln, dass der Stolz der Schildkröte nicht gekränkt würde.

Statt zu antworten zog die Schildkröte einfach den Kopf ein und schien einschlafen zu wollen.

Malsehn verzichtete auf all die schönen Dinge, die er sich für diesen Tag vorgenommen hatte. Er wartete auf den Fuchs. Malsehn hoffte, seinen zimtbraunen Schatten herbeihuschen zu sehen oder sein glückliches Gebell zu hören, wenn er droben über den Hügel kam. Aber er wartete vergeblich. Und schließlich war es zu spät, noch länger zu warten. Die Sonne sank bereits tiefer. Er musste sein Versprechen halten und die Schildkröte wecken.

Das dösende Tier rührte sich sofort, wenn auch nur sehr träge, als Malsehn auf seinen Panzer patschte. Es starrte geradeaus, direkt in den orangeroten Sonnenball, und seine Beine schoben sich vorwärts, Zentimeter um Zentimeter.

Malsehn stöhnte. Dieses liebe, dumme, eigensinnige Tier. Niemals würde es dahin gelangen, wo es hinwollte. Es würde sich weiterschleppen, bis es irgendwo liegen bleiben und sterben würde. Da hätte seine Sturheit ein Ende.

Na schön, wenigstens konnte er ihm unterwegs noch etwas Gesellschaft leisten! Malsehn schaufelte sich neben der Schildkröte her, die kaum vorwärts kam. Er versuchte, nicht ungeduldig zu werden. Er summte ein paar Lieder vor sich hin, die er vom Wind gelernt hatte.

Kaum hatte er die dritte Melodie beendet, verstummte er, so hatte die Schildkröte ihn erschreckt. Eine merkwürdige Folge von Grunzlauten kam aus ihrem Rachen. Sie hatte den Kopf ganz weit aus ihrem Panzer gestreckt.

Malsehn schaute dorthin, wo die Schildkröte hinstarrte.

Da, weit vor ihnen, war das Haus des elenden Herrn Knauser. Und dahinter ging die Sonne unter.

Ihr Licht schien in den Fenstern seines Hauses zu brennen.

Malsehn schluckte. Wenn die Schildkröte jemals zur Haustür von Herrn Knauser gelangte, würde sie sich sehr schnell in einem Suppentopf wiederfinden. Dann würde Schildkrötensuppe aus ihr werden.

»Jetzt weiß ich, wo sie untergeht«, sagte die Schildkröte. Malsehn versuchte zu lachen, aber er brachte nur eine Art Gurgeln zustande. »Aber vor dem Einbruch der Nacht wirst du dort nicht hinkommen«, sagte er. »Am besten kehrst du um.«

»Wenn nicht heute abend, dann eben morgen«, stellte die Schildkröte fest.

Malsehn bekam eine Gänsehaut vor lauter Verzweiflung. Er selbst war draußen nur bei Tageslicht sicher. Er wusste, was für ein Verhängnis mit Krallen und Schnabel in der Nacht draußen auf ihn einstürzen würde.

Er grub seine Pfoten in die Erde und bat den blasser werdenden Himmel um Mut. Wie konnte er nur dieses dickköpfige Viech davor behüten, in einem Topf mit kochendem Wasser zu enden? Dann, von irgendwoher, wie eine Quelle in der Wüste, kam ihm eine Idee.

Er wandte sich an die Schildkröte. »Ich bring dich dahin, wo du hinwillst, wenn du mir vertraust.«

»Na gut«, sagte die Schildkröte, die den Maulwurf doch erst seit diesem Tag kannte.

Malsehn biss schnell vier lange, feste Grashalme ab. Er knüpfte sie zusammen zu einem Geschirr und schob sie über den Panzer der Schildkröte. »Jetzt musst du dich einziehen und erst wieder rauskommen, wenn ich es dir sage.«

Die Schildkröte gehorchte.

Malsehn schlang sich das freie Ende des Geschirrs um die Schulter und fing an zu ziehen. Auf den ersten hundert Metern rutschte die Schildkröte leicht hinter ihm her, weil der Boden glatt war. Es ging so, wie wenn man einen schweren Schlitten zieht. Aber der Weg war noch weit und die Zeit der Eule nah. Die Sonne begann hinter dem Horizont zu verschwinden. Malsehn wünschte sich fast, die anderen Tiere, die die Schildkröte gequält hatten, wären da. Sie hätten jetzt helfen können. Aber nichts und niemand war da. Malsehn vernahm nur das erste Säuseln des Nachtwindes, wie ein Geist hörte es sich an. Und er spürte seine klammen Finger, wie sie sich an seinem Pelz rieben.

Er zog kräftiger. Kleine Steinchen rutschten unter seinen Pfoten weg. Aber er behielt sein Ziel fest im Auge: das Haus der lieben Dame. Sie würde die Schildkröte genauso bereitwillig aufnehmen wie all die anderen heimatlosen oder unglücklichen Tiere aus Wald und Feld. Und die Schildkröte würde gar nichts merken. Ein Haus ist ein Haus. Sie würde glauben, die Sonne ginge im Haus der lieben Dame zur Ruhe.

Malsehn stolperte vorwärts. Die Angst schob ihn und die Hoffnung zog ihn voran.

Schließlich hatte er den Rand des Gemüsegartens der lieben Dame erreicht. Er war gerade dabei, der Schildkröte das Geschirr abzunehmen, und wollte ihr eben Lebewohl sagen, um dann ganz schnell zu verschwinden. Da fuhr ihn etwas bösartig fauchend und spuckend an. Es war eine Katze! Malsehn duckte sich unter ihrem ersten Pfotenhieb weg, aber der zweite erwischte ihn am rechten Bein. Er schrie vor Schmerz auf, laut und schrill.

Plötzlich sagte eine hohle Stimme neben ihm: »Duck dich hinter mich und grab!« Es war die Schildkröte, die sich auf den Hinterbeinen aufgerichtet hatte und dastand wie ein Schutzschild.

Malsehn schlüpfte hinter sie und entkam gerade noch einem Hieb, der auf seine Augen zielte. Die Katze fauchte und machte einen Buckel, ihr Schwanz peitschte wütend hin und her.

Malsehn wühlte den Kopf in die Erde und arbeitete mit seinen kräftigen Pfoten wie mit Zwillingsschaufeln – links, rechts, links, rechts –, bis er sich tief unter einem Kohlkopf verkrochen hatte.

Die Schildkröte platschte wieder flach auf den Boden. Die Katze merkte, dass ihr die Beute entkommen war. Sie kreischte voller Wut.

Da öffnete sich ein Fenster, und dann eine Tür, und zwei Minuten später stand die liebe Dame über ihr. »Lass das!«, befahl sie der Katze.

Dann sah sie die Schildkröte, die sie für den Anlass des Geschreis halten musste. »Du dummes Tier!«, ermahnte sie die Katze, »das ist doch nur eine Schildkröte. Sie ist in unserem Garten willkommen, so lange sie bei uns bleiben will. Komm mit ins Haus.

Ich geb dir etwas süße Sahne, damit du dich beruhigst.«

Sie hob die immer noch kratzbürstige Katze auf und wandte sich an die Schildkröte: »Ich hoffe, dass ich dich morgen auch noch hier antreffe«, sagte sie.

Und dabei blieb es, so lange die Schildkröte lebte.

Sie war an das Ende ihrer Suche gekommen. Und an jedem Abend bei Sonnenuntergang stellte sie sich vor, wo die Sonne sich jetzt zur Ruhe begab. Im Besuchszimmer der lieben Dame.

Malsehn verbrachte die Nacht in seinem Versteck unter dem Kohlkopf. Als er am nächsten Morgen wieder heimkam in die Höhle, da war der Fuchs auch wieder da. Und es dauerte lange, bis Malsehn ihm die ganze Geschichte von Anfang bis Ende erzählt hatte.

Die letzte Jagd

Es war ein Morgen im Spätherbst. Das Laub der Bäume flammte rot und goldgelb. Die frostige Luft prickelte süß voll Modergeruch.

Malsehn sog die Luft ein und war schon fröhlich, als er aus dem Bau kam, um sich den Pelz zu sonnen.

»Du spürst es doch auch, oder?«, fragte der Fuchs dicht hinter ihm.

»Was soll ich spüren?«, fragte Malsehn, obwohl er genau wusste, was sein Freund meinte. Aber er wollte ein Wort dafür hören.

»Die Freude«, sagte der Fuchs.

Malsehn nickte und lächelte.

»Wollen wir jemandem einen Besuch machen?«,

fragte der Fuchs beiläufig. Aber Malsehn hörte heraus, wie wichtig diese Frage war.

»Es wird ein langer Marsch, aber du kannst auf mir reiten«, sagte der Fuchs.

Malsehn sah, dass der Fuchs einen Beutel mit Verpflegung auf seinen Rücken geschnallt hatte. »O ja, gerne«, sagte er. »Aber wo wollen wir hin?«

»Ein oder zwei Stündchen mit einem alten Feind von mir verbringen, mit dem großen Jagdhund.«

Malsehn sah den Fuchs verdattert an.

Der Fuchs lachte. »Ja, wir haben viele Jagden miteinander erlebt – das Jagen und das Fliehen – und keiner von uns beiden hat je gewonnen. Als er sich zur Ruhe setzte und nicht mehr Anführer der Meute war, sind wir ganz zwangsläufig gute Freunde geworden.«

Malsehn war bereits gewohnt, sich über die Absonderlichkeiten im Leben des Fuchses nicht mehr zu wundern. Immer wieder hatte es sich herausgestellt, dass sie Teil einer Weisheit waren.

Er kletterte auf seinen Platz zwischen den Schultern des Freundes. »Also dann los!«, kommandierte er.

Es war weit bis zu ihrem Ziel. Den ganzen Morgen über waren sie unterwegs. Der Fuchs schnürte gemächlich an Feldern und Wegrändern entlang und durch leuchtende Wälder. Schließlich kamen sie an einer schier endlosen Mauer an.

»Da wären wir«, sagte der Fuchs. Malsehn rutschte hinunter auf den Boden. Es tat wohl, im Gras ein wenig herumzurollen und sich zu strecken.

Der Fuchs bellte dreimal und dann noch einmal. Bald tauchte hinter der Mauer die edle Gestalt eines Jagdhundes auf. Trotz seiner altersmüden Lefzen und des ergrauten Fells hätte man ihn in jeder königlichen Meute sofort als Aristokraten erkannt.

Die beiden Tiere verneigten sich eins vor dem anderen. Dann machten sie sich einen Spaß daraus, so zu tun, als wollten sie sich mit den Pfoten schlagen.

Der Fuchs stellte seine beiden Freunde einander vor, und alle drei setzten sich hin und plauderten über das, was sich so in ihrem Leben ereignete.

»Der Ruhestand ist eigentlich gar nicht so langweilig«, sagte der Jagdhund, als der Fuchs danach fragte. »Ich bin vor allem damit zufrieden, dass ich

keine Füchse mehr in die Enge treiben muss.« Er grinste breit.

»Du warst immer ausgesprochen fair«, sagte der Fuchs daraufhin. »Tatsächlich hast du mich sogar ein paar Mal entwischen lassen.«

»Meinst du wirklich?«, sagte der Jagdhund. »Vielleicht hast du Recht. Aber davon haben die Jäger nie etwas gemerkt. Darauf habe ich schon geachtet. Ich hatte die anderen Hunde fest in der Hand.«

»Was steckte hinter deiner Freundlichkeit?«, fragte der Fuchs. »Du bist doch sicher nicht darauf dressiert worden, Füchse entkommen zu lassen?«

Der massige Hund sah dem Fuchs in die Augen. »Ich hatte Achtung vor dir«, sagte er.

Der Fuchs zuckte vor Freude mit dem Schwanz.

»Komm, lass uns ein wenig jagen«, sagte er, um seine Rührung zu verbergen. »Wollen wir diesem kleinen Maulwurf zeigen, wie wir das immer gemacht haben?«, Malsehn kletterte auf seinen Reitsitz. »Halt dich gut fest!«, ermahnte ihn der Fuchs. Dann schlug er sich ins nahe Gebüsch.

Der Jagdhund rührte sich nicht.

»Er wird mir einen guten Vorsprung lassen«, erklärte der Fuchs. Er wurde schneller, und bald war die Mauer schon außer Sicht.

Aber kurz darauf blieb der Fuchs stehen und sah sich verwirrt um. Malsehn wusste nicht, was los war. Der Fuchs bahnte sich einen Weg aus dem Wald und erkletterte einen Hügel. Er blickte zurück. Weit und breit war nichts zu sehen von dem lohfarbenen Jagdhund. Stattdessen hörte man von fern her ein Jagdhorn.

Der Fuchs bebte. »Die Jagd!«, stieß er mit vor Aufregung krächzender Stimme hervor. »Die Meute ist los!«

Dann konnten sie wie eine Begleitung zum Klang der Hörner das Hetzgebell der Meute hören.

»Lass uns heimgehen«, murmelte Malsehn. Aber der Fuchs blieb bewegungslos stehen. Er lauschte angespannt auf die fernen Geräusche. So hatte Malsehn seinen Freund noch nie erlebt. Es war, als erfasse er mit Ohren und Geist auch die kleinste Bewegung ringsum.

»Sie kommen auf uns zu«, sagte er zu Malsehn. »Ich muss rennen. Ich werde dich an einem sicheren Platz zurücklassen und später kommen, wenn ich kann, und dich holen. Wenn nicht, dann musst du allein heimlaufen. Warte nicht länger, als bis es anfängt dunkel zu werden.«

»Nein«, sagte Malsehn. »Ich bleibe bei dir, was auch geschieht.«

Er klammerte sich noch fester in die Nackenhaare des Fuchses und sagte nichts mehr.

Der Fuchs schien gleich darauf den Maulwurf vergessen zu haben. Er konzentrierte sich mit aller Kraft, da musste er ihn vergessen.

Der Lärm der Jagdhunde war näher gekommen. Mit einem hohen Sprung tauchte der Fuchs zurück in den Schutz des Waldes. Er begann im Zickzack zu rennen. Einmal planschte er hundert Meter weit durch einen Fluss und hielt auf einer Sandbank an, um sich auszuruhen. Sein Atem ging in kurzen Stößen und Malsehn konnte fühlen, wie seine Muskeln zitterten.

Vielleicht wartete der Fuchs dort etwas zu lange. Vielleicht war er auch aus der Übung und konnte nicht mehr. Auf einmal brach die Meute unten am Strom wie ein Gewitter aus dem Waldrand und suchte seine Spur. Schnüffelnd und schnuppernd versuchten die Hunde den Geruch wieder in die Nase zu bekommen.

Und da sah Malsehn den großen alten Hund, der der Meute gefolgt war. Er schnappte grimmig nach den Hinterbeinen der anderen Hunde. Und er biss zu, wenn er sie erwischte. Die wütenden Abwehrversuche der jüngeren Hunde schien er gar nicht zu bemerken, obwohl sein Rücken von ihren Bissen schon zerfetzt war und blutete.

Malsehn begriff, dass der alte Jagdhund versuchte, die Meute aufzuhalten.

Aber dann befahl der Anführer der Meute einen Massenangriff. Er wollte wohl diese Einmischung beenden. Alle machten kehrt und wandten sich gegen ihren alten Anführer, die Zähne gefletscht und ein tiefes Knurren in der Kehle. Der Fuchs sagte nur zwei Worte: »Lebe wohl!« Und dann bellte er so laut, dass es Malsehn in den Ohren gellte.

Als würden sie von einem mächtigen Windstoß herumgerissen, wirbelten die Hunde herum und stürzten sich wie eine Woge auf den Fuchs zu. Sie ließen den alten Jagdhund zurück. Er konnte nun nichts mehr tun, um seinen Freund zu retten.

Auf einmal war es für Malsehn, als sei er mitten in einen Wirbelsturm geraten.

So schnell jagte der Fuchs dahin.

Später konnte Malsehn sich nur dunkel erinnern, was alles geschehen war. Er war durch einen Obstgarten getragen worden. Sie hatten sich unter dem Tor einer riesigen Scheune durchgezwängt, waren hindurchgejagt und wieder hinaus. Da waren flatternde Hühner und ganz verschwommen auch Schweine. Und dann wieder eine wilde Hatz unter Bäumen und durchs Dickicht. Peitschende Äste rissen kleine Kratzer in seine Haut. Seine Pfoten konnten sich kaum noch festhalten. Malsehn spürte mit geschlossenen Augen, wie der Fuchs alle seine Kräfte anspannte. Sein Herz pochte so heftig, dass er es in seinem Rückgrat fühlen konnte. Oh, er hätte dem Fuchs so gerne geholfen! Aber er konnte gar nichts tun, als sich festzuhalten und ein kleiner Klumpen zu sein voller Kraft und Liebe zu seinem Freund. Und er musste darauf vertrauen, dass der Fuchs etwas davon spüren und dass es ihn stärker machen würde. Plötzlich blieb der Lärm der Hunde zurück. Die Flucht war zu Ende.

Malsehn spürte den süßen, heimatlichen Geruch des Fuchsbaues ringsum. Er taumelte vom Rücken des Fuchses. Der Fuchs lag ausgestreckt am Boden auf der warmen Erde und atmete kaum noch. Rasch brachte ihm Malsehn Wasser auf einem Blatt und hielt es ihm unter die Nase. Der Fuchs schleckte unbeholfen von dem kühlen Nass und seine Augen öffneten sich ein wenig.

Malsehn konnte gar nicht aufhören seinem Freund den Kopf zu streicheln, so als könnte der sich plötzlich in Luft auflösen und nicht mehr da sein.

Der Fuchs versuchte zu lächeln, aber er war viel zu erschöpft.

»Malsehn«, sagte er ganz leise, »wir sind daheim.«

»Und du hast nicht nur mich und dich gerettet«, sagte der Maulwurf, »du hast auch den alten Jagdhund gerettet.«

»Das musste ich doch tun«, sagte der Fuchs. »Sie hätten ihn sonst getötet. Und außerdem …« Seine Stimme war nicht mehr zu verstehen.

»Außerdem was?«, fragte Malsehn sanft. »Warum hast du das getan?«

Der Fuchs hob den Kopf und in seinen Augen erschien wieder ein Leuchten, das Malsehn an den Morgenstern erinnerte.

»Aus Achtung vor ihm«, sagte der Fuchs, lehnte sich zurück und ließ sich wohlig in den Schlaf gleiten.